高橋雅子

〆まで楽しむ
おつまみ小鍋

池田書店

小鍋で一杯！寒い季節をおいしく過ごしましょう。

「おつまみ小鍋」作り方はこの2つだけ！

煮込み 小鍋

材料を切って煮込むだけのシンプル小鍋。忙しい夜でもさっと作れるので、ゆっくり一杯楽しめます。

材料

▼

煮込んで

▼

豚バラとごぼうの鍋
P.36

できあがり！

●主な煮込み小鍋

炒め煮

小鍋

煮込む前に、ちょっと油で炒める鍋です。ひと手間加えて、コクのある満足鍋のできあがり！

注意！炒める小鍋をつくるときは、鉄鍋、ホーロー鍋、フライパンを使いましょう！

材料

▼

炒めて煮込んで

▼

魚介のエスニック鍋
P.56

できあがり！

●主な炒め煮小鍋

5種の小鍋&味のバリエーションも豊富！

～本書の構成～

寒い冬にお酒と一緒に楽しみたい「あったか小鍋」を60品ご用意しました。味のバリエーションも豊富なので毎日でも楽しめます。

小鍋の大きさは、6～7号
（直径 20 ～ 25㎝／1～2人前）

第1章

2つ具材のカンタン小鍋

肉と野菜の組み合わせを中心に、野菜と魚介、魚介と豆腐など2つの材料だけで作れるおつまみ小鍋。

P.13

第2章

にぎやか小鍋

おなじみの定番鍋から、レモン鍋、エスニック鍋、酒鍋といったおうち飲みにぴったりな小鍋の数々。

P.35

第3章
旨辛小鍋

四川風のしびれる味から、和風カレー味、柚子こしょう味、ピリ辛味などうま味と辛味いっぱいの小鍋。

P.81

第4章
ふたをして煮るだけ小鍋

小鍋に具材を入れ、ふたをして加熱するだけでカンタンに作れる蒸し煮&蒸し焼き鍋。

P.121

第5章
アジアの小鍋

お粥鍋や豚白菜鍋などの中華鍋、タイ鍋のタイスキ、スンドゥブチゲ、タッカンマリなど韓国の定番鍋も。

P.133

鍋前こつまみ

鍋ができる前に「まずは一杯！」
というときのさっぱりおつまみ。
おうちパーティ鍋のとき
には作りおきできるもの
もあります。

マッシュルームとケイパーマヨ

← P.108

たこのカルパッチョ

← P.110

ミニトマトとパプリカのマリネ

← P.113

かぼちゃのヨーグルトマリネ

← P.119

鍋あと・鍋なか

鍋を食べたあと（または途中）におすすめの「〆レシピ」をバリエーション豊かにご紹介。ご飯や麺類など、〆に何を合わせるかは自由なので、ぜひご参考までに。

うどん・冷麦・そば

← P.16・30・32・44・52・60・64・66・74・76・86・148・150

バゲット・パスタ

← P.42・48・54・58・68・92・98・104・138

汁かけご飯・おじや・リゾット

← P.24・28・36・40・82・84・88・102・106・134・146

ラーメン・フォー

← P.16・20・38・90・142

目次

第1章 2つ具材のカンタン小鍋

第2章 にぎやか小鍋

第3章 旨辛小鍋

第4章 ふたをして煮るだけ小鍋

第5章 アジアの小鍋

鍋前こつまみ

鍋のたれ

この本を使う前に

- 計量の単位は、小さじ1＝5㎖（cc）、大さじ1＝15㎖（cc）。1カップ＝200㎖（cc）。
- 調味料は、とくに注釈のないものは、砂糖は上白糖、塩は自然塩、しょうゆは濃口しょうゆ（薄口しょうゆは濃口しょうゆでも代用可）、みそは好みのみそ、小麦粉は薄力粉を使用。グラニュー糖は砂糖でも代用可。
- オリーブ油はエクストラ・バージン・オリーブ油を使用。
- だし汁とは、「昆布とかつお節でとった和風だし」のことです。作り方はP.34「だし汁のとり方」を参照してください。
- 小鍋は、6～7号サイズの土鍋を基本としています。鉄鍋やホーロー鍋などに関しては、P.158「小鍋いろいろ」を参照してください。
- 加熱時間は鍋の大きさや素材により異なる場合があるので、表示時間を目安に様子をみながら調整してください。
- 材料は基本的に「2人分」表記です。料理によっては「1人分」、「作りやすい分量」で表記しています。
- レシピの火力は、とくに記述のない場合は「中火」です。

第1章

2つ具材のカンタン小鍋

豚肉とほうれん草、牛肉とクレソンなど肉と野菜の組み合わせの小鍋を中心に野菜と魚介の小鍋、魚介と豆腐の小鍋など飲みたいときに少ない材料でさっと作れるおつまみ小鍋を紹介します。

豚肉とほうれん草の常夜鍋

毎晩食べても飽きないほど
おいしいことから常夜鍋。
旬のほうれん草はたっぷりと。

●材料（2人分）
豚バラ薄切り肉（3等分に切る）…120g
ほうれん草（3等分に切る）…2株

●煮汁
だし昆布…5㎝角
水…1カップ
酒…½カップ

●たれ
ぽん酢（P.154）

●作り方
1 小鍋にだし昆布、水を入れて10分ほどおく。
2 酒を加えて火にかけ、沸騰したら具の材料を加えて火が通るまで煮る。
3 ぽん酢につけていただく。

＊豚薄切り肉は、ロースや肩ロースでも。多少脂があったほうがおいしい。

鍋あとは「焼き餅」

餅2個はこんがり焼いて器に盛り、煮汁をかける。

牛肉とクレソンの鍋

ベトナムの牛肉フォーをアレンジしたナンプラー香るエスニック鍋。食べるときはレモンをしぼって。

●材料（2人分）
牛肩薄切り肉…150g
クレソン…2束
レモン（くし形に切る）…2切れ
粗挽き黒こしょう…適量
●煮汁
水…300mℓ
固形スープの素…1/2個
ナンプラー…大さじ1
グラニュー糖（または砂糖）…小さじ1

●作り方
1 小鍋に煮汁の材料を入れて火にかけ、沸騰したら牛肉とクレソンを加える。
2 肉に火が通ったら器に盛り、レモンをしぼって黒こしょうをふる。

＊具は牛肉の他に鶏肉でも。ただし鶏肉はしっかり火を通すこと。クレソンは火を通すと食べやすくなるので、苦手な人はぜひチャレンジしてみて。

鍋あとは「フォー」

フォー50gは袋の表示通りにゆでてザルに上げ、鍋に加えて軽く煮込む。器に盛り、粗挽き黒こしょうをふってレモンを添える。

鶏とかぼちゃの鍋

みそ風味の豆乳スープで
体の芯まであたたまる
濃厚な和風シチュー鍋。

●材料（2人分）
鶏もも肉…1枚（250g）
かぼちゃ…1/8個
●煮汁
豆乳…1カップ
白練りごま…大さじ1
みそ（信州みそなど）…大さじ2

＊みそは種類によって塩分が違うので、好みで調節を。里芋、さつまいも、れんこん、ごぼうなどの和の根菜がよく合います。根菜類は下ゆでしてから加えましょう。

●作り方
1 鶏肉は、大きめのひと口大に切る。かぼちゃは7㎜厚さのくし形に切り、レンジで2分加熱する。
2 小鍋に煮汁の材料を入れて火にかけ、沸騰したら①の鶏肉とかぼちゃを加え、火が通るまで煮る。

鍋あとは「うどん」
ゆでうどん1玉は、あたためてザルに上げ、鍋に加えて軽く煮込み「ほうとう風」に。

鮭と小松菜のみそバター鍋

鮭と小松菜をさっと煮るだけ。
みそバターのコク味いっぱいの
あったかひとり鍋。

●材料（1人分）
鮭の切り身（食べやすく切る）…1切れ
小松菜（ざく切り）…1株
バター…大さじ1
●煮汁
だし汁…1カップ
酒…50㎖
みりん・みそ…各大さじ1

●作り方
1 小鍋に煮汁の材料を入れて火にかけ、沸騰したら鮭、小松菜を加える。
2 具に火が通ったら、仕上げにバターを入れる。

＊具はほうれん草などの青菜の他、白菜やキャベツも合います。

鍋あとは「みそバターラーメン」

ラーメン1袋は袋の表示通りにゆで、水けをきって鍋に加え、軽く煮込む。

湯豆腐

あっさりシンプルでおいしい
たらがたっぷり入った湯豆腐。
ふんわりお腹もあたたまります。

●材料（2人分）
きぬごし豆腐（食べやすく切る）…1丁
生だらの切り身…2切れ
塩…少々
酒…大さじ½
●煮汁
だし昆布…5cm角
水…1カップ
●たれ
ねぎだれ（P.154）

●作り方
1 たらは軽く塩をふって5分おき、出た水けを拭いて酒をふり、4等分に切る。
2 小鍋に煮汁の材料を入れて10分ほどおき、火にかける。
3 沸騰したら具を加え、火が通るまで煮る。
4 ねぎだれにつけていただく。

＊だし昆布は、しばらく水につけておくことでよいだしがひけます。たらは、塩をふってしばらくおくことで生ぐさみが取れます。

かぶと鶏肉のチーズ鍋

ささっと作れる簡単ひとり鍋。
〆は黒こしょうをピリッと
きかせたリゾット風。

●材料（1人分）
鶏むね肉…⅓枚（80g）
かぶ…1個
粗挽き黒こしょう…適量
ピザ用チーズ…30g

●煮汁
水…300㎖
固形スープの素…½個
塩…小さじ¼

＊鶏肉は冷凍庫に入れ、包丁で切れるくらいの半冷凍にしてから切ると簡単に削ぎ切りにできます。

●作り方
1 鶏肉は皮を除き、薄い削ぎ切りにする。かぶは茎を3㎝ほど残して切り落とし、皮をむいて8等分のくし形に切る。
2 小鍋に煮汁の材料を入れて火にかけ、沸騰したらかぶを加える。やわらかくなったら鶏肉を加え、火を通す。
3 仕上げに黒こしょうをふり、チーズをかける。

鍋あとは「リゾット」

ご飯1膳分を鍋に加えて、軽く煮込む。ピザ用チーズ、粗挽き黒こしょう各適量を加え、チーズが溶けるまで煮る。

鶏肉とキャベツの鍋

さっぱりとしていながら
パンチのある味わいの
たっぷりキャベツの塩味鍋。

★鉄鍋やホーロー鍋、フライパンなど金属製の小鍋で作ります。

●材料（1人分）
鶏もも肉（ひと口大に切る）…$\frac{1}{2}$枚（120g）
キャベツ（3cm角に切る）…3枚
一味唐辛子…少々

●煮汁
だし汁…1カップ
サラダ油…大さじ$\frac{1}{2}$
にんにく（薄切り）…1かけ
塩…小さじ$\frac{1}{4}$

●作り方
1 金属製の小鍋にサラダ油、にんにくを入れて火にかけ、香りが立ってきたらだし汁、塩を加える。
2 沸騰したら鶏肉を入れ、再び沸騰したらキャベツを加えて火を通す。
3 仕上げに、一味唐辛子をふる。

鍋あとは「インスタントラーメン」

インスタントラーメンの乾麺1袋分を鍋に入れ、袋の表示時間を目安に煮込む。器に盛り、一味唐辛子をふる。

ねぎま鍋

江戸時代からあるという
葱（ねぎ）と鮪（ま）で作る鍋。
ねぎに香ばしく焼き色をつけて。

●材料（2人分）
まぐろの刺身（中トロ）…½サク（130g）
長ねぎ（4㎝長さに切る）…2本

●煮汁
だし汁…1カップ
しょうゆ…小さじ2
みりん…小さじ1
しょうが（皮つきのまま薄切り）…2枚

＊焼いた長ねぎを入れると香ばしさが加わります。魚焼きグリルがなければ、フライパンにサラダ油少々をひいて焼いてもOK。好みで七味や一味唐辛子、山椒の粉、柚子こしょうなどの薬味を添える。

●作り方
1 まぐろは、ひと口大の削ぎ切りにする。長ねぎは魚焼きグリルでこんがり焼く。
2 小鍋に煮汁の材料を入れて火にかけ、沸騰したら長ねぎを加え、再び沸騰したらまぐろを加えて、軽く火を通す。

鍋あとは「汁かけご飯」
器にご飯を盛り、鍋の汁と具をかける。そばでもOK。

豚バラとねぎいっぱいの酒鍋

長ねぎをたっぷり刻んで煮込む前に炒めることで甘味とうま味がアップします。

★鉄鍋やホーロー鍋、フライパンなど金属製の小鍋で作ります。

●材料（1人分）
豚バラ薄切り肉（4等分に切る）…100g
長ねぎ（斜め薄切り）…1本
サラダ油…大さじ1
ごま油…小さじ1
粗挽き黒こしょう…適量

●煮汁
酒…1カップ
塩…小さじ½

長ねぎは煮る前にしっかり炒める。

●作り方
1 金属製の小鍋にサラダ油、長ねぎを入れて塩少々（分量外）をふり、火にかけて長ねぎを炒める。しんなりしたら煮汁の材料を加え、沸騰してから5分煮てアルコールを飛ばす。
2 豚肉を加えて火を通し、仕上げにごま油をかけて黒こしょうをふる。

＊空焚きできない鍋を使う場合は、長ねぎはフライパンで炒めましょう。

鍋あとは「ざるそば」

そば（乾麺）は1人分を袋の表示通りにゆでてザルに上げ、鍋の汁をつけ汁としていただく。

鶏もも骨つき肉と豆苗の酒鍋

酒と水で骨つき肉を
コトコト煮込んだ滋味深い
味わいのスープが決め手。

●材料（2人分）
鶏もも骨つき肉…1本
豆苗（長さを4等分に切る）…1袋

●煮汁
水…½カップ
酒…1カップ
塩…小さじ½
長ねぎ（青い部分）…1本分
しょうが（皮つきのまま薄切り）…2枚

●作り方
1 鶏肉は、関節のところで半分に切る。
2 小鍋に煮汁の材料を入れて火にかけ、沸騰したら①を加え、アクを取りながら30分煮る。途中水分が少なくなったら水を足す。
3 肉がやわらかく煮えたら長ねぎとしょうがを除き、豆苗を加える。

*鶏肉を煮込む間は、こまめにアクを取ったほうが味はスッキリ、スープもクリアに仕上がります。ほとんどの葉物野菜が代用ＯＫで、かぶやトマトを入れるのもアリ。

鍋あとは「うどん」

ゆでうどん1玉は、あたためてザルに上げ、鍋に加えて軽く煮込む。

STAUB
STAUB

だし汁のとり方

ねぎま鍋(P.28)、豚バラとごぼうの鍋(P.36)、もつ鍋(P.38)、わかめとセリ、あさりの鍋(P.52)、トマトおでん(P.70)など、和風しょうゆの味つけの鍋には欠かせない「昆布とかつお節の和風だし」のとり方を紹介します。

昆布とかつお節のだし汁

●材料(作りやすい分量)

だし昆布…10cm
かつお節…20g
水…3カップ

●作り方

1 昆布は、固くしぼったぬれ布巾で軽く拭いて汚れを取る(白い粉はうま味成分なので拭き過ぎない)。

2 鍋に水、昆布を入れて弱火にかけ、10分くらいたったら取り出す。

3 強火にして、沸騰したら火を止めてかつお節を加え、菜箸などで沈めて1分おいてうま味を出す。

4 ボウルにザルを重ね、キッチンペーパーをしいて③をこし、だしがらを包んで軽くしぼる。

●だし汁の保存方法

多めにとって保存しておけば、少量だけ必要なときや時間がないときに重宝します。冷めてから密閉できる保存袋や清潔な瓶に入れ、冷蔵庫で2日、冷凍庫なら1週間はもちます。

●市販のだしの素

市販のだしを使う場合は、なるべく食塩無添加の自然のものを使いましょう。顆粒だしは塩分が含まれるものが多いので、使う場合は塩分を加減して。

第2章

にぎやか小鍋

もつ鍋、水炊き、すき焼きなどの定番から
レモン鍋、エスニック鍋、酒鍋といった
おうち飲みにぴったりな小鍋の数々。
さらに、うどん、そば、ラーメン
バゲット、パスタ、汁かけご飯など
おいしい鍋あとも種類豊富にご紹介。

豚バラとごぼうの鍋

豚バラとごぼうは相性抜群。
卵は火を通し過ぎない程度に
とろとろ加減がおすすめです。

●材料（2人分）
豚バラかたまり肉（5㎜厚さに切る）…200g
ごぼう…½本
溶き卵…1個分

●煮汁
だし汁…1カップ
酒…½カップ
薄口しょうゆ…小さじ2
しょうが汁…小さじ1

●作り方
1 ごぼうはささがきにして水にさらし、すぐにザルに上げて水けをきる。
2 小鍋に煮汁の材料を入れて火にかけ、沸騰したら豚肉、①を加えて煮る。
3 具に火が通ったら溶き卵を回しかけ、好みの加減に火を通す。

＊好みで、きのこを加えたり、肉は牛薄切り肉でも。

鍋あとは「汁かけご飯」

器にご飯を盛り、鍋の汁と具をかける。

もつ鍋

新鮮な牛もつが入手できたら
ぜひ試してみたい絶品鍋。
濃厚スープがたまりません。

●材料（作りやすい分量）
牛もつ（しま腸）…200g
牛すじ肉…200g
キャベツ（5cm角に切る）…3枚
にら（5cm長さに切る）…½束
油揚げ（湯通しして1.5cm幅に切る）…½枚
にんにく（薄切り）…½かけ
赤唐辛子（ちぎって種を除く）…2本
●煮汁
だし汁…150mℓ
牛すじ肉のゆで汁…150mℓ
酒…50mℓ
薄口しょうゆ…小さじ1

＊牛すじ肉をゆでるには、圧力鍋なら圧がかかってから20分の加熱でOK。牛すじ肉はあったほうが断然おいしいですが、牛もつだけで作ってもOK。牛もつ（生）は大きな肉屋かネットなどで購入可能。

●作り方
1 鍋にたっぷりの水、牛もつを入れて火にかけ、沸騰したらザルに上げ、ゆでこぼす（湯は捨てる）。
2 牛すじ肉を①と同様にゆでこぼしたあと、かぶるくらいの水を入れて火にかけ、やわらかくなるまで90分ほどゆでて、食べやすい大きさに切る。ゆで汁はとっておく。
3 小鍋に煮汁の材料を入れて火にかけ、沸騰したら①の牛もつ、②の牛すじ肉を加える。再び沸騰したら、その他の材料をすべて加える。
4 具材に火が通ったら、仕上げに白こしょう（分量外）をふる。

鍋あとは「ラーメン」（P.7左下）
中華麺1袋は、袋の表示通りにゆでてザルに上げ、鍋に加えて軽く煮込み、器に盛る。

納豆とお揚げさんの鍋

カリカリに焼いたお揚げと
トロッとした納豆の食感も
楽しいおつまみ鍋。

●材料（2人分）
ひきわり納豆……1パック
油揚げ……2枚
長ねぎ（小口切り）……1本
七味唐辛子……適量
●煮汁
だし汁……1カップ
白みそ……大さじ1と½

●作り方
1　油揚げは、魚焼きグリルなどでこんがりと焼き、縦半分に切ってから4等分に切る。
2　小鍋に煮汁の材料を入れて火にかけ、沸騰したら①、納豆、長ねぎを加えて、すぐに火を止める。仕上げに七味唐辛子をふる。

＊こんがり焼いた油揚げの風味がおいしさのポイント。

鍋あとは「汁かけご飯」
器にご飯を盛り、鍋の汁と具をかける。

鶏むね野菜しゃぶしゃぶ

鶏むね肉と野菜をさっと煮てさっぱりレモンのたれでいただくヘルシーな洋風しゃぶしゃぶ。

●材料（2人分）
鶏むね肉…½枚
にんじん…½本
レタス（食べやすく切る）…3枚
えのきだけ（石づきを取り、ほぐす）…½袋
●煮汁
水…300㎖
固形スープの素…1個
●たれ
レモンの皮・オリーブ油・塩だれ（P.156）

＊他に豚薄切り肉やきのこ、葉野菜など、しゃぶしゃぶでイメージするものなら何でもOK。

●作り方
1 鶏肉は皮を除き、ごく薄い削ぎ切りにする。にんじんはピーラーで細長く削る。
2 小鍋に煮汁の材料を入れて火にかけ、沸騰したら具を少しずつ加えながらしゃぶしゃぶして、火の通ったものからレモンの皮・オリーブ油・塩だれにつけていただく。

鍋あとは「スープパスタ」
スパゲティは袋の表示通りにゆでてザルに上げ、鍋に加えて軽く煮込む。

豆乳豚しゃぶ

淡白な具材の味わいを
豆乳のコクが引き立てる
白いスープのしゃぶしゃぶ。

●材料（2人分）
豚ロース薄切り肉（しゃぶしゃぶ用）
…200g
大根…5cm
ズッキーニ…1/4本
豆もやし…1/2袋
●煮汁
だし汁…150mℓ
豆乳…150mℓ
●たれ
ぽん酢（P.154）

●作り方
1 大根、ズッキーニは、ともに5mm厚さのいちょう切りにする。
2 小鍋に煮汁の材料を入れて火にかけ、沸騰したら具の材料を少しずつ加えてしゃぶしゃぶして、火の通ったものからぽん酢につけていただく。

＊使う豆乳によっては、強火で煮立てると分離することがあるので注意。

鍋あとは「冷麦」

冷麦1人分は、袋の表示通りにゆでてザルに上げ、器に盛り、鍋の汁と具をかける。

オイルしゃぶしゃぶ

オイルでしゃぶしゃぶすると
素材にふっくらやわらかく
火が通るので魚介にはピッタリ。

●材料（2人分）
ぶりの刺身（しゃぶしゃぶ用）…1サク分
玉ねぎ…½個
三つ葉（食べやすく切る）…1袋
針しょうが…1かけ分

●煮汁
米油…150㎖
ぽん酢（P.154）…150㎖

●作り方
1 玉ねぎは薄切りにして水にさらし、ザルに上げて水けをきる。
2 小鍋に煮汁の材料を入れて火にかけ、沸騰したら具を少しずつ加えながらしゃぶしゃぶして、火の通ったものからいただく。

＊ぶりの他、白身魚や豚薄切り肉（しゃぶしゃぶ用）などでも。
＊米油とは、米ぬかから抽出される植物油。劣化しにくく、抗酸化物質が豊富に含まれ、コレステロール値を下げる効果もある。

たらとポテトのレモン鍋

レモンの香りと酸味のポテト鍋。お好みの白ワインと合わせてメのバゲットまで楽しみたい。

★鉄鍋やホーロー鍋、フライパンなど金属製の小鍋で作ります。

●材料（2人分）
塩だらの切り身（食べやすく切る）…2切れ
じゃがいも…2個
オリーブ油…大さじ1
白ワイン…50mℓ
塩…適量
A「レモン（ノンケミカル・輪切り）…1個
　「クミンシード（P.157）…小さじ1
●煮汁
水…1カップ
固形スープの素…1/2個

＊レモンは煮込むと苦みが出るので注意。

●作り方
1 じゃがいもは、皮ごと水からゆでて、竹串がスッと通るくらいに加熱し、取り出して熱いうちに皮をむき、粗熱が取れたら手で4つに割る（やけどに注意して！）。
2 金属製の小鍋にオリーブ油を熱し、たらの皮目を下にして入れて焼き、色が変わったら白ワインを加え、強火にしてアルコールを飛ばす。
3 煮汁の材料、①を加え、沸騰したらアクを取り、塩で味をととのえる。Aを加えて、すぐに火を止める。

鍋あとは「バゲット」（P.7左上）
バゲット（15cm）は3cm角に切り、鍋に加えて煮立てながら汁を吸わせる。ピザ用チーズ50gを加え、溶けるまで加熱する。

鶏の水炊き

白濁した濃厚スープの水炊きを作りやすくアレンジしました。少しだけ入れるご飯がポイント。

●材料（2人分）
鶏もも肉（ひと口大に切る）…½枚
生しいたけ…3個
絹ごし豆腐（半分に切る）…¼丁
白菜（食べやすく切る）…1枚

●煮汁
水…300㎖
だし昆布…5㎝角
酒…½カップ
ご飯…大さじ2
しょうが（皮つきのまま薄切り）…2枚

●たれ
ぽん酢（P.154）

*他に、春菊、長ねぎ、えのきだけ、キャベツでも。

鍋あとは「焼き餅」

餅2個は、こんがり焼いて器に入れ、鍋の汁と具をかける。

●作り方
1 しいたけは軸を切り、笠に飾り包丁を入れる。
2 小鍋に水、だし昆布を入れて、10分ほどおく。
3 ②に酒、ご飯、しょうが、鶏肉を加えて火にかけ、沸騰したら弱火にして、30分ほど煮る。途中水分が少なくなったら水を足す。
4 鶏肉がやわらかくなり、スープが白濁したら、①、豆腐、白菜を加えて煮る。ぽん酢につけていただく。

わかめとセリ、あさりの鍋

春に旬を迎える3つの素材をいただく味わい深い鍋。
〆には冷麦やそばを加えて。

●材料（2人分）
わかめ（塩蔵）…40g
あさり（砂抜きをする）…120g
セリ（5㎝長さに切る）…1束
粉山椒…適量
●煮汁
だし汁…1カップ
酒…50㎖
薄口しょうゆ…小さじ2

＊乾燥わかめを使う場合は水につけて戻す。あさりをはまぐりに代えても。

●作り方
1 わかめは水につけて戻し、2～3回水をかえて塩ぬきして食べやすく切る。
2 小鍋に煮汁の材料を入れて火にかけ、沸騰したらあさり、①を加え、あさりの口が開いたらセリを加え、軽く火を通す。仕上げに粉山椒をふる。

鍋あとは「冷麦」

冷麦1人分は、袋の表示通りにゆでてザルに上げ、器に盛り、鍋の汁と具をかける。

ソーセージとじゃがいも、ブロッコリーの鍋

ソーセージのうま味がしみ出たやさしい味わいのスープが美味。小鍋で作る簡単ポトフです。

●材料（2人分）

ソーセージ（切り目を入れる）…6本

じゃがいも（皮をむき4等分に切る）…1個

ブロッコリー…1/3株

オリーブ油…適量

粒マスタード…適量

●煮汁

水…300mℓ

固形スープの素…1/2個

塩…小さじ1/4

＊ソーセージは煮過ぎないよう注意して。玉ねぎ、にんじんを入れても。

●作り方

1 ブロッコリーは小房に分け、下ゆでする。

2 小鍋に煮汁の材料、じゃがいもを入れて火にかける。

3 じゃがいもがやわらかくなったらソーセージ、①を加え、全体があたたまったら火を止める。好みでオリーブ油を回しかけ、粒マスタードを添える。

鍋あとは「チーズペンネ」

ペンネ50gは、袋の表示通りにゆでてザルに上げ、鍋に加えて軽く煮込む。パルミジャーノチーズ適量をすりおろして加え、粗挽き黒こしょうをふる。

魚介のエスニック鍋

ナンプラーの風味が
魚介やトマトを引き立てる
さっぱり爽やかなエスニック鍋。

★鉄鍋やホーロー鍋、フライパンなど金属製の小鍋で作ります。

●材料（2人分）
するめいか…1ぱい
えび…4尾
トマト（横半分に切り4等分）…2個
オクラ（下ゆでして縦半分に切る）…5本
パクチーの葉と茎（ざく切り）…2株分
パクチーの根（みじん切り）…2株分
粗挽き黒こしょう…適量

●煮汁
水…1カップ
青唐辛子（1cm長さに切る）…2本
オリーブ油…大さじ1
にんにく（みじん切り）…1かけ
ナンプラー…小さじ2

●作り方
1 いかはワタと軟骨を取り除き、1cm幅に切る。えびは殻つきのまま、竹串で刺して背ワタを取る。
2 金属製の小鍋にオリーブ油、にんにく、パクチーの根を入れて火にかけ、香りが立ってきたら①を加え、さっと炒める。
3 トマトを加えて全体を混ぜ、水、青唐辛子を加えて10分煮る。ナンプラーで味をととのえ（魚介の塩味で加減する）、オクラ、パクチーの葉と茎を加えて、黒こしょうをふる。

＊パクチーの代わりにディルやバジルも合います。

赤ワインに合うすき焼き

割り下に赤ワインを使って
香り豊かに仕上げたすき焼き。
お好みの赤ワインと、ぜひ。

●材料（2人分）
牛肩ロース薄切り肉（すき焼き用）
…150g
A
エリンギ（長さを半分に切って薄切り）
…大1本
まいたけ（食べやすくほぐす）…1/2パック
万能ねぎ（8㎝長さに切る）…1/2束
粗挽き黒こしょう…適量
バター…15g

●煮汁（割り下）
だし汁…50㎖
赤ワイン…50㎖
しょうゆ…大さじ2
メープルシロップ
（または砂糖）
…大さじ1と1/2

●作り方
1 ボウルに割り下の材料を入れ、混ぜ合わせる。
2 Aは、①の割り下の半量をからめて小鍋に入れ、ふたをして火にかける。蒸気が上がったらふたを開け、牛肉も残りの割り下にからめてきのことねぎの上にのせ、ふたをして火を通す。
3 黒こしょうをたっぷりふり、バターをちぎってのせる。

鍋あとは「バゲット」

バゲット（15㎝）は、縦に4つ割りにする。ボウルに溶き卵1個分、割り下大さじ1を入れてよく混ぜ、バゲットを加えて卵液を吸わせ、鍋汁を煮立てたところに入れて火を通す。仕上げに黒こしょうをふる。

STAUB
STAUB

牛切り落とし肉の鉄鍋すき焼き

鍋に直接調味料を加えていく関西風のすき焼きです。溶き卵をたっぷりつけて。

●材料（2人分）

牛切り落とし肉…150g
白菜…大1枚
長ねぎ（斜め切り）…2本
ひらたけ（食べやすくさく）…½パック
サラダ油…大さじ1

●煮汁

砂糖…大さじ1と½
酒…50mℓ
しょうゆ…大さじ2

●たれ

溶き卵…2個分

＊春菊、豆腐、しらたき、きのこ類など、お好みのすき焼きの材料でもOK。

●作り方

1 白菜は葉と芯に分け、それぞれ8cm長さの細切りにする。

2 鉄鍋にサラダ油を熱し、長ねぎを重ならないように並べて焼く。焼き色がついたら片側に寄せ、空いたところに牛肉を入れて焼き、少し色が変わったら砂糖を全体にふりかけ、混ぜておいた酒、しょうゆを回しかける。

3 煮汁が煮立ったら、①、ひらたけを加える。火が通ったら、溶き卵につけていただく。

鍋あとは「うどん」

稲庭うどん（または普通のうどん）1人分は、袋の表示通りにゆでてザルに上げ、鍋に加えて軽く煮込む。

トマトすき焼き

相性抜群の牛肉と玉ねぎに
トマトの酸味を加えた
ぽん酢風味のさっぱり鍋。

★鉄鍋やホーロー鍋、フライパンなど金属製の小鍋で作ります。

●材料（2人分）
牛肩ロース薄切り肉（すき焼き用）…150g
オリーブ油…大さじ1
玉ねぎ（5㎜厚さの薄切り）…½個
塩…ひとつまみ
ミニトマト（縦半分に切る）…10個
●煮汁
砂糖…小さじ1
酒…50㎖
ぽん酢（P.154）…50㎖

●作り方
1 金属製の小鍋にオリーブ油、玉ねぎ、塩を入れて火にかけ、炒める。玉ねぎがしんなりしたら牛肉を加え、肉の色が変わったらトマトを加える。
2 煮汁の材料を右から順に加え、ひと煮立ちさせる。

鶏パクチーすき焼き

鶏つくねにナンプラーを加えて
エスニックな味わいの鍋に。
パクチーは好きなだけどうぞ。

★鉄鍋やホーロー鍋、フライパンなど金属製の小鍋で作ります。

●材料（2人分）

鶏つくね
- 鶏ひき肉…150g
- 玉ねぎ（横半分にして薄切り）…1/4個
- ナンプラー…小さじ1/2
- 白こしょう…少々

ピーマン（縦半分に切る）…3個
パクチー（ざく切り）…3株

●煮汁

A
- にんにく（薄切り）…1かけ
- パクチーの根（みじん切り）…3株分
- サラダ油…大さじ1

グラニュー糖（または砂糖）…小さじ1
ナンプラー…小さじ2
水…1/2カップ

●作り方

1 ボウルに鶏つくねの材料を入れてよく混ぜ合わせ、6等分の小判形にまとめる。

2 金属製の小鍋にAを入れて火にかけて炒め、香りが立ってきたら①の鶏つくねを加え、両面に焼き色をつけたらグラニュー糖をふる。

3 ピーマン、ナンプラーを加えて軽く煮て、水を加えて半量になるまで煮詰め、仕上げにパクチーを入れる。

鍋あとは「焼きうどん」

ゆでうどん1玉は、あたためてザルに上げ、小鍋の汁けがほとんどなくなったところに加えてなじませ、ナンプラーで味をととのえる。

いわし団子のかぶみぞれ鍋

いわし団子のうま味を
かぶのすりおろしが
やさしく包む滋味深い味わい。

●材料（2人分）

いわし団子
- いわし（刺身用3枚おろし）…2尾分
- しょうが（みじん切り）…½かけ
- 長ねぎ（みじん切り）…5㎝
- 薄口しょうゆ…小さじ1
- 片栗粉…小さじ1

絹ごし豆腐（食べやすく切る）…½丁
まいたけ（食べやすくほぐす）…1パック
かぶの葉…3個分

●煮汁
かぶ…3個
松茸風味のお吸い物の素…3袋
酒…½カップ

＊いわし団子は煮汁が沸騰しているところに入れ、触らないこと。かぶの代わりに大根おろしでも。

●作り方

1 いわし団子を作る。いわしはみじん切りにしてから包丁でたたき、ボウルに入れて、その他の材料をすべて加えて混ぜる。

2 かぶは葉と実に分け、葉は5㎝長さに切り、実は皮をむいてすりおろす（汁も使う）。

3 小鍋に煮汁の材料を入れて火にかけ、沸騰したら豆腐、まいたけを加え、再び沸騰したら①をスプーンでまとめながら落とし、かぶの葉も加えて火を通す。

鍋あとは「そば」

ゆでそば1人分は、あたためてザルに上げ、器に盛る。鍋の汁をかけて、好みですだち（薄切り）をたっぷりのせる。

イタリア風トマトもつ鍋

香味野菜とトマトで煮込んだ
トリッパ風の牛もつ鍋。
ワインと一緒に味わいたい。

●材料（作りやすい分量）
牛もつ（P.38・しま腸）…400g
A
- セロリ（筋を取り斜め薄切り）…2本
- 玉ねぎ（薄切り）…½個
- 塩…ひとつまみ

セロリの葉（ざく切り）…1本分
粗挽き黒こしょう…適量

●煮汁
- にんにく（みじん切り）…1かけ

B
- 赤唐辛子（ちぎって種を除く）…2本
- オリーブ油…大さじ1

白ワイン…½カップ
トマト水煮缶…1缶
水…½カップ
塩・グラニュー糖（または砂糖）…各小さじ1
オレガノ…ひとつまみ

●作り方
1 鍋にたっぷりの水、牛もつを入れて火にかけ、沸騰したらザルに上げ、ゆでこぼす（湯は捨てる）。
2 小鍋にBを入れて火にかけ、香りが立ってきたらAを加えて、炒める。玉ねぎがしんなりしたら白ワインを加え、煮立ててアルコールを飛ばして、残りの煮汁の材料、①の牛もつを加え、15分煮込む。仕上げにセロリの葉を加え、黒こしょうをたっぷりとふる。

鍋あとは「ペンネ」

ペンネ50gは、袋の表示通りにゆでてザルに上げ、鍋に加えてあたため、卵1個を落として半熟に仕上げる。

トマトおでん

だしと薄口しょうゆで仕上げた
あっさり風味がおいしい
関西風の味つけのおでん。

●材料（2人分）
トマト…中2個
大根…3㎝
ゆで卵…2個
魚河岸揚げ（市販）…2個
柚子こしょう…適量
●煮汁
だし汁…300㎖
酒…1/2カップ
薄口しょうゆ…小さじ2
塩…少々

＊具は、厚揚げ、こんにゃく、がんもどき、ちくわなど、お好みで。

●作り方
1 トマトは熱湯に入れ、皮がはじけたら引き上げて水に取り、湯むきする。大根は1.5㎝厚さの輪切りにして、下ゆでする。
2 小鍋に煮汁の材料、柚子こしょう以外の具の材料を入れて火にかけ、沸騰したら弱火にして30分煮込む。器に盛り、好みで柚子こしょうを添える。

鍋あとは「雑炊」
残った汁にご飯1膳分を入れて煮込み、万能ねぎ（小口切り）適量を散らす。

いかの土手鍋

土鍋のふちにみそを土手のようにぬりつけ、いかや野菜を煮てみそをくずしながらいただく。

●材料（2人分）
するめいか（胴のみ使う）…2はい分
酒…小さじ1
白菜…大1枚
生しいたけ（半分に削ぎ切り）…2個
長ねぎ（縦半分に切って5㎝長さに切る）…½本
春菊（長さを3等分に切る）…2株

●煮汁
信州みそ…大さじ2
しょうが汁…小さじ1
だし汁…150㎖
酒…50㎖

＊牡蠣で作ってもおいしい。

●作り方
1 いかはワタと軟骨を取り除き、1.5㎝幅に切って酒をまぶす。白菜は葉と芯に分け、芯は削ぎ切り、葉はざく切りにする。
2 みそとしょうが汁は混ぜ合わせて、小鍋のふちにぬる。
3 だし汁、酒を②の鍋に入れ、具の材料をすべて入れて火にかける。みそを煮汁に溶かしながら具に火を通し、煮えたものからいただく。

鍋あとは「**焼き餅**」

餅2個はこんがりと焼き、鍋に加えて煮汁をからめる。

豚バラとごぼう、大根の焼酎鍋

焼酎ベースのだしが決め手。
体がポカポカとあたたまる
お酒の風味も楽しめる鍋。

●材料（2人分）

豚バラ薄切り肉（3等分に切る）…150g
ごぼう（斜め薄切り）…½本
大根（3㎜厚さの半月切り）…5㎝

●煮汁

麦焼酎…1カップ
だし汁…½カップ
薄口しょうゆ…大さじ2

●たれ

にらだれ（P.155）

＊焼酎のアルコールを飛ばしているときに、鍋に火が入ることがあるので、燃えやすいものはそばに置かないようにしましょう。もし火が入っても、アルコールが飛べば消えるので目を離さなければ大丈夫です。

●作り方

1 小鍋に焼酎を入れて火にかけ、沸騰したら火を弱めてアルコールを飛ばす。

2 ①にだし汁、薄口しょうゆ、ごぼう、大根を入れて煮る。ごぼう、大根がやわらかくなったら豚肉を加え、火を通す。にらだれにつけていただく。

鍋あとは「うどん」

稲庭うどん（または普通のうどん）1人分は、袋の表示通りにゆでてザルに上げ、鍋に加えて軽く煮込み、器に盛る。好みで、にらだれをのせても。

豚バラ粕鍋

酒粕は体にいい発酵食品。鍋にコクや風味を増してくれて体が芯からあたたまります。

●材料（2人分）
豚バラ薄切り肉…100g
厚揚げ（6等分に切る）…1枚
にんじん（斜め薄切り）…½本
長ねぎ（斜め薄切り）…½本
春菊（長さを3等分に切る）…2株

●煮汁
だし汁…2カップ
酒粕（板）…80g
薄口しょうゆ…大さじ½

●作り方
1 小鍋に煮汁の材料を入れて火にかけ、沸騰したら厚揚げ、にんじん、長ねぎを加える。
2 具に火が通ったら豚肉、春菊を加えて、火を通す。

*具は、鶏肉や鮭の切り身などでも。

鍋あとは「うどん」

ゆでうどん1玉は、あたためてザルに上げ、鍋に加えて軽く煮込んで器に盛り、好みで一味唐辛子をふる。

肉団子と春雨の中華鍋

スープのうま味を吸った
肉団子と春雨の食感も楽しい
お酒がすすむ中華風ピリ辛鍋。

●材料（2人分）

肉団子
豚ひき肉…150g
長ねぎ（みじん切り）…3cm
しょうが（みじん切り）…½かけ
溶き卵…½個分
塩…少々

ゆでたけのこ（薄切り）…1個
チンゲン菜（3cm長さに切る）…½株
春雨（袋の表示通りに水で戻す）…35g
ごま油…小さじ2

●煮汁
水…1カップ
砂糖・豆板醤…各小さじ1
しょうゆ・オイスターソース…各小さじ2
鶏ガラスープの素…小さじ1

●作り方

1 ボウルに肉団子の材料を入れ、よく練っておく。

2 小鍋に煮汁の材料を入れて火にかけ、沸騰したらたけのこ、チンゲン菜を加える。再び沸騰したら、①の肉団子をスプーンでまとめながら落とし、表面が固まったら春雨を加える。

3 肉団子に火が通ったら、仕上げにごま油を回しかけ、火を止める。

土鍋の手入れの仕方

鉄鍋やホーロー鍋と違い、土鍋は注意しないとひび割れするなどデリケートな鍋。土鍋を長持ちさせるためのポイントを紹介します。

●ポイント①　ぬれた状態で火にかけない

鍋底には釉薬がかけられていないため、水にぬれた状態で火にかけると、ひび割れの原因に。必ずよく水けを拭いてから火にかけましょう。

●ポイント②　水や煮汁を入れてから火にかける

空焚きしたり、油で炒めたりしたところに水分を入れると割れる可能性があるので注意しましょう。

●ポイント③　急激に冷やさない

土鍋は、急な温度変化があると割れることも。加熱後の熱い土鍋に急に水をかけて冷やしたりするのは禁物。温度差に弱いことを覚えておきましょう。

●ポイント④　できるだけ早くやさしく洗う

釉薬がかけられていない鍋底は、タワシや研磨剤を使うと傷つくことがあり、ひび割れの原因に。使ったらスポンジでやさしく水洗いして、カビ防止のために水けをよく拭き、そのまま伏せて十分に自然乾燥させましょう。乾かすための空焚きも禁物です。

●ポイント⑤　ひびが入ってしまったら

土鍋の外側にひびが入っている場合は、汁がもれたり割れる可能性があるので、早めに補修しましょう。鍋に三分粥くらいのやわらかめのお粥を炊き、そのまま弱火で20分ほど煮ます。こうすることで、ひびにお粥が入ってのりの役目をしてくれて目止めできます。

第3章

旨辛小鍋

中国・四川風のしびれる味つけから
和風カレー味、柚子こしょう味
ピリ辛味、酸っぱ辛い味つけなど
うま味と辛味いっぱいの小鍋を
バリエーション豊かに紹介します。

麻婆鍋

麻婆豆腐を小鍋仕立てにした野菜たっぷりのおつまみ鍋。辛さは豆板醤の量で調節して。

★鉄鍋やホーロー鍋、フライパンなど金属製の小鍋で作ります。

●材料（2人分）

豚ひき肉…100g
木綿豆腐（縦4等分に切って2cm幅に切る）…1丁
チンゲン菜（食べやすく切る）…½株
ミニトマト（縦半分に切る）…½パック
ザーサイ（みじん切り）…15g
長ねぎ（みじん切り）…5cm
花椒粉…適量

●煮汁

サラダ油…大さじ1
A にんにく（みじん切り）…1かけ
　しょうが（みじん切り）…1かけ
B 豆板醤…大さじ1
　甜麺醤…小さじ2
C 水…1カップ
　酒…50mℓ
　鶏ガラスープの素…小さじ2
D 片栗粉…小さじ1
　水…小さじ1

●作り方

1 ひき肉は酒小さじ2（分量外）をふり、全体になじませておく。
2 金属製の小鍋にAを入れて火にかけ、香りが立ってきたら①を加えて炒める。肉の色が変わったらBを加えて混ぜ、なじんだらCを加え、煮立たせる。
3 豆腐、チンゲン菜、トマトを入れ、火が通ったらDの水溶き片栗粉を加えてとろみをつける。仕上げにザーサイ、長ねぎ、花椒粉を加え、さっと混ぜる。

鍋あとは「麻婆丼」

器にご飯を盛り、鍋の汁と具をかける。

和風カレー鍋

和風だしの風味がきいた
野菜たっぷりのカレー鍋。
大きめ具材がポイントです。

●材料（2人分）
豚バラかたまり肉（1㎝厚さのひと口大）
…120g
サラダ油…大さじ1
にんにく（芯を除いてつぶす）…½かけ
A［じゃがいも（半分に切る）…1個
玉ねぎ（縦半分に切る）…½個
にんじん（縦に4つ割）…½本］
ピーマン（縦半分に切る）…2個

●煮汁
だし汁…300㎖
みりん…大さじ2
市販のカレールー（フレークタイプ）
…大さじ3

●作り方
1 フライパンにサラダ油を熱して豚肉を炒め、軽く焼き色がついたらいったん取り出す。
2 ①ににんにくを入れて炒め、香りが立ってきたらAを加えて炒める。軽く焼き色がついてきたらピーマンを加え、①の肉を戻す。
3 小鍋に②、だし汁、みりんを加えて煮込み、水分が減ったらだし汁（分量外）を適量足す。
4 野菜がやわらかくなったらカレールーを加え、とろみがつくまで煮る。

鍋あとは「カレーおじや」

鍋にご飯1膳分を加えて軽く煮込み、溶き卵1個分でとじて仕上げる。

たらの柚子こしょうとろみ鍋

柚子こしょうの爽やかな辛味ととろみもおいしいたらちり鍋。煮汁がからみ、たれなしでOK。

●材料（2人分）
塩だらの切り身（4等分に切る）…2切れ
木綿豆腐（半分に切る）…¼丁
水菜（5cm長さに切る）…½束
まいたけ（食べやすくほぐす）…½パック

●煮汁
だし汁…1カップ
酒…50ml
柚子こしょう…小さじ2
A「片栗粉…小さじ1
　「水…小さじ1

●作り方
1 小鍋にだし汁、酒を入れて火にかけ、沸騰したら具の材料を加える。
2 具に火が通ったら、柚子こしょうを溶かし入れ、仕上げにAの水溶き片栗粉でとろみをつける。

＊柚子こしょうは最後に加えること。長時間煮込むと風味が飛んでしまうので注意。

鍋あとは「冷麦」

冷麦1人分は袋の表示通りにゆでてザルに上げ、器に入れて鍋の汁と具をかける。

ラー油をきかせた牡蠣とねぎの鍋

牡蠣のミルキーさと
ラー油がたっぷり入った
ピリ辛豆乳スープが◎。

●材料（2人分）
牡蠣…250g
片栗粉・水…各少々
万能ねぎ（5cm長さに切る）…½束
●煮汁
豆乳…150mℓ
鶏ガラスープの素…小さじ1
具入りラー油（またはラー油）…小さじ2

●作り方
1 ボウルに牡蠣を入れ、片栗粉、水を加えて軽くもむようにしてなじませる。水洗いしてザルに上げ、水けを拭く。
2 小鍋に煮汁の材料を入れて火にかけ、沸騰したら①の牡蠣、万能ねぎを加え、火が通るまで煮る。

鍋あとは「おじや」

ご飯1膳分を鍋に入れ、軽く煮込んで5cm長さに切った万能ねぎを散らす。

鶏つくねともやし鍋

みそ風味のスープによくなじむ
豆腐入りの鶏つくねは
ふんわりとした仕上がりです。

●材料（2人分）

鶏つくね
- 鶏ひき肉…150g
- 豆腐（水きりする）…80g
- 塩…小さじ1/4
- 白こしょう…少々

もやし…1/2袋
にら（3cm長さに切る）…1/3束
一味唐辛子…適量

●煮汁
- だし汁…1カップ
- 酒…1/2カップ
- みそ…大さじ1
- 薄口しょうゆ…大さじ1

●作り方

1 ボウルに鶏つくねの材料を入れ、よく練っておく。

2 小鍋に煮汁の材料を入れて火にかけ、沸騰したら①をスプーンで丸めながら落とす。

3 つくねの表面が固まってきたら、もやし、にらを加え、全体に火が通ったら仕上げに一味唐辛子をふる。

＊豆腐の水きりは、キッチンペーパーを二重にして包み、レンジで2分加熱します。

鍋あとは「ラーメン」

ラーメン1人分は、袋の表示通りにゆでてザルに上げ、鍋に入れて軽く煮込む。

さば缶とミニトマトのカレー鍋

トマトと缶汁の水分だけで煮る
カレー風味のさばみそ鍋。
フレッシュなディルがアクセント。

●材料（2人分）
さばのみそ煮缶詰…1缶（固形量140g）
ミニトマト（縦半分に切る）…1パック
カレー粉…小さじ½
ディル…2枝
フライドオニオン（市販）…大さじ1

＊カレー粉は好みで増やしてもOK。

●作り方
1 小鍋にミニトマトを並べ、その上にさば缶をほぐしながらのせ、カレー粉をふる。
2 弱めの中火にかけて、じっくり火を通す。全体が煮立ったらディルをちぎってのせ、フライドオニオンをふる。

鍋なかは「バゲット」

バゲット（15㎝）はスライスしてトースターでカリッと焼き、小鍋の具をのせてオリーブ油をかけ、ディルをのせる。

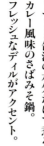

豚ひき肉とキャベツのピリ辛鍋

ざっくり切ってワインで煮込む
ナンプラーとバジルで
エスニックっぽさも感じる鍋。

★鉄鍋やホーロー鍋、フライパンなど金属製の小鍋で作ります。

●材料（2人分）

肉だね
- 豚ひき肉…150g
- にんにく（みじん切り）…1かけ
- ナンプラー…小さじ1

キャベツ（半分にくし形に切る）…1/4個
バジルの葉（ちぎる）…2枝

●煮汁

A
- にんにく（半分に切り芯を取ってつぶす）…1かけ
- 赤唐辛子（ちぎって種を除く）…2本
- オリーブ油…大さじ1

白ワイン…50mℓ
水…1カップ
ナンプラー…小さじ1

●作り方

1 ボウルに肉だねの材料を入れ、よく練っておく。

2 キャベツの葉の間に①をランダムにはさむ。

3 金属製の小鍋にAを入れて火にかけ、香りが立ってきたら②を入れ、両面を焼く。軽く焼き色がついたら白ワインを加え、アルコールを飛ばす。

4 水、ナンプラーを加え、全体に火が通ったらバジルを加え、火を止める。

豚バラキムチ鍋

もやしをたっぷりのせた
コク味豊かなピリ辛豚バラ鍋。
しょうゆベースが本場韓国流。

★鉄鍋やホーロー鍋、フライパンなど金属製の小鍋で作ります。

●材料（2人分）
豚バラ薄切り肉（4等分に切る）…150g
白菜キムチ…200g
サラダ油…大さじ1
玉ねぎ（薄切り）…1/4個
厚揚げ…1/2枚
もやし…1/2袋
ごま油…小さじ2

●煮汁
水…1カップ
酒…1/2カップ
しょうゆ…大さじ1
（キムチの塩分で調整する）
ダシダ（P.157）…小さじ2

●作り方
1 厚揚げは厚みを半分に切り、さらに三角形に切る。
2 金属製の小鍋にサラダ油を熱して豚肉を入れて炒め、肉の色が変わったら玉ねぎを加え、しんなりしたら煮汁の材料を加える。
3 沸騰したらキムチ、①、もやしを加え、さっと煮る。仕上げにごま油を回しかける。

＊キムチは、日数の経ったものは発酵や熟成が進み、うま味や酸味が増しているので鍋におすすめ。

鍋あとは「インスタントラーメン」

インスタントラーメン（乾麺）1袋分を鍋に加え、袋の表示を目安に煮る。仕上げに生卵1個を落として混ぜながらいただく。

つぶ貝とねぎのアヒージョ鍋

つぶ貝は火を通すとむっちりした食感になっていい感じ。ねぎはトロリと甘くなります。

★鉄鍋やホーロー鍋、フライパンなど金属製の小鍋で作ります。

●材料（2人分）
つぶ貝のむき身（食べやすく切る）…100g
長ねぎ（3cm長さに切る）…1本
塩…適量
●煮汁
オリーブ油…70ml
にんにく（みじん切り）…小さじ1
赤唐辛子（ちぎって種を除く）…2本

●作り方
1 金属製の小鍋に煮汁の材料を入れて弱火にかけ、香りが立ってきたら長ねぎを入れ、弱火のままじっくりと火を通す。
2 長ねぎがくったりしたらつぶ貝を加え、火が通ったら塩をふる。

鍋あとは「スパゲティ」

スパゲティ50gは袋の表示より30秒短くゆでてザルに上げ、鍋に入れて全体をからめる。

ぶりと焼きつけ大根の柚子こしょう鍋

大根の香ばしさがおいしい
たっぷりの酒がだし代わりの
お手軽ぶり大根です。

★鉄鍋やホーロー鍋、フライパンなど金属製の小鍋で作ります。

●材料（2人分）
ぶりの切り身（3等分に切る）…2切れ
大根（皮をむいて乱切り）…10cm
サラダ油…小さじ2
セリ（5cm長さに切る）…3株
柚子こしょう…小さじ2

●煮汁
酒…150mℓ
しょうが…大1かけ
塩…小さじ1/2

●作り方
1 しょうがは皮をむいてつぶし、6等分に切る。
2 金属製の小鍋にサラダ油を熱し、大根を入れて焼く。焼き色がついたら酒、①を加え、沸騰したらぶりを入れて塩をふり、アクを取りながら煮る。
3 ぶりに火が通ったらセリを加え、さっと火を通して、仕上げに柚子こしょうを加える。

＊大根は、しっかりと焼けば下ゆでいらずで準備も簡単に。

サンラータン鍋

サンラータンを小鍋仕立てでいただく、うま味たっぷりの酸っぱくて辛い中華スープ。

★鉄鍋やホーロー鍋、フライパンなど金属製の小鍋で作ります。

●材料（2人分）

豚バラかたまり肉（5mm角の細切り）…200g
サラダ油…小さじ2
しょうが（千切り）…1かけ

A
- 干ししいたけ（戻して4等分の削ぎ切り）…3個
- キャベツ（ざく切り）…1/6個
- 小松菜（5cm長さに切る）…2株
- ミニトマト（縦半分に切る）…8個
- ゆでたけのこ（薄切り）…1/2個

溶き卵…1個分
ラー油…小さじ1

●煮汁

水…250mℓ

B
- 干ししいたけの戻し汁…50mℓ
- 鶏ガラスープの素…小さじ1
- ナンプラー…小さじ2

米酢…小さじ2

C
- 片栗粉…小さじ1
- 水…小さじ1

●作り方

1 金属製の小鍋にサラダ油、しょうがを入れて火にかけ、香りが立ってきたら豚肉を加えて炒める。肉の色が変わったらBを加え、沸騰したらAを加える。

2 全体に火が通ったら米酢を加え、Cの水溶き片栗粉を加えてとろみをつける。

3 溶き卵を流し入れて、仕上げにラー油をたらす。

鍋あとは「汁かけご飯」

器にご飯を盛り、鍋の汁、具をかける。

トムヤムクン鍋

爽やかなうま味が広がるタイの代表的なスープを小鍋仕立てに。有頭えびのだしがポイント。

★鉄鍋やホーロー鍋、フライパンなど金属製の小鍋で作ります。

●材料（2人分）

有頭えび…4尾
ホタテ貝柱（半分に切る）…3個
ミディトマト（縦4つに切る）…3個
空芯菜（長さを4等分に切る）…½束
生マッシュルーム（縦半分に切る）…3個
A
ライム（薄切り）…½個
バジル…1パック
ディル…少々
オリーブ油…大さじ1

●煮汁

B
オリーブ油…大さじ2
にんにく（薄切り）…1かけ
青唐辛子（小口切り）…1本
白ワイン…½カップ
水…300㎖
トムヤムクンペースト…小さじ2前後
ナンプラー…小さじ1

●作り方

1 えびは頭と身に分けて、背ワタを取る。
2 金属製の小鍋にBを入れて火にかけ、香りが立ってきたらえびの頭を入れ、強火にして焼く。えびの身、ホタテ、トマトを加えて魚介の両面を焼き、白ワインを加えてアルコールを飛ばす。
3 半量まで煮詰まったら水を加え、ペーストを溶かし入れる。
4 沸騰したら空芯菜、マッシュルームを加え、火が通ったらナンプラーを加える。仕上げにAをのせ、オリーブ油を回しかける。

鍋あとは「バゲット」

バゲット（斜め薄切り）4枚はトースターでカリッと焼き、器に盛って鍋の汁と具をかける。

ココナッツカレー鍋

カレーペーストと鶏肉をしっかり炒めてから煮込むタイのレッドカレー風鍋。

★鉄鍋やホーロー鍋、フライパンなど金属製の小鍋で作ります。

●材料（2人分）

鶏もも肉（ひと口大に切る）…1/2枚
なす（皮をむき乱切り）…2本
かぼちゃ（7㎜厚さに切る）…4枚
ピーマン（横半分に切り種を除いて3等分に切る）…1と1/2個
ほうれん草（5㎝長さに切る）…2株

●煮汁

オリーブ油…大さじ1
レッドカレーペースト…25g

A
- 水…1カップ
- ココナッツミルク…250㎖
- グラニュー糖（または砂糖）…小さじ2
- ナンプラー…小さじ2

●作り方

1 金属製の小鍋にオリーブ油を熱してペーストを炒め、香りが立ってきたら鶏肉を加え、肉の色が変わるまで炒めてAを加える。

2 沸騰したらなす、かぼちゃを加え、やわらかくなったらピーマン、ほうれん草を入れてさっと煮る。

3 器によそっていただく。

＊カレーペーストを油でしっかり炒めて香りを十分に引き出します。カレーペーストをグリーンにしたり、豚肉や魚介で作っても。〆は冷麦やうどんなどをつけ麺にしても。

鍋あとは「ココナッツカレー」

器にご飯を盛り、鍋の汁と具をかける。

鍋ができるまでに、まずは一杯というときのさっぱりおつまみ。鍋をひと休みしたいときの箸休めの一品としてもおすすめ。

マッシュルームとケイパーマヨ

●材料（作りやすい分量）
マッシュルーム（ホワイト・ブラウン）
…各1個
マヨネーズ…小さじ2
ケイパー（みじん切り）…小さじ1
粗挽き黒こしょう…少々

●作り方
1 ボウルにマヨネーズ、ケイパーを入れて混ぜ合わせる。
2 マッシュルームは薄切りにして、器に盛り、①をかけて黒こしょうをふる。

かぶとグレープフルーツのマリネ

●材料（作りやすい分量）

かぶ…1個

グレープフルーツ（薄皮までむく）…1個

ディル…1枝

オリーブ油…小さじ1

ピンクペッパー（粒）…少々

塩…少々

●作り方

1 かぶは茎を3㎝ほど残して切り落とし、皮をむいて縦半分に切ってからくし形に切る。

2 ボウルにすべての材料を入れ、混ぜ合わせる。

たこのカルパッチョ

●材料（作りやすい分量）
ゆでだこ（足）…2本
紫玉ねぎ（薄切り）…1/4個
塩・こしょう…各少々
酢…小さじ1
イタリアンパセリ…1枝
オリーブ油…小さじ1

●作り方
1 たこは薄切りにして、器に盛る。
2 ボウルに紫玉ねぎを入れ、塩、こしょう、酢で軽くもみ込んでから①にのせる。
3 イタリアンパセリをちぎりながらのせ、オリーブ油を回しかける。

セロリとクリームチーズのわさび醤油

●材料（作りやすい分量）

セロリ…1本
クリームチーズ（ポーションタイプ）…4個
しょうゆ…小さじ2
おろしわさび…小さじ2

●作り方

1 セロリは筋を取り、5㎜厚さの斜め切りにする。クリームチーズは6等分の角切りにする。

2 ボウルにしょうゆとわさびを入れてなめらかに溶きのばし、①、クリームチーズを加えて和える。

トマト山椒醤油

●材料（作りやすい分量）

ミディトマト…6個

実山椒の水煮（市販）…小さじ1

しょうゆ…小さじ1

●作り方

1 トマトはへたを取り、縦に4つ割にする。

2 ボウルに①、実山椒の水煮、しょうゆを入れ、混ぜ合わせる。

ミニトマトとパプリカのマリネ

●材料(作りやすい分量)
ミニトマト…5個
パプリカ(赤・黄)…各1/4個
オリーブ油…小さじ1
粒マスタード…小さじ1
塩…少々

●作り方
1 トマトはへたを取り、縦に4つ割にする。
2 パプリカは、200℃に予熱したオーブンで皮が黒く焦げるまで20分ほど焼き、ボウルに入れてラップをして、冷めるまでそのままおいて蒸らす。粗熱が取れたら皮をむき、1cm角に切る。
3 ボウルにすべての材料を入れ、混ぜ合わせる。

＊パプリカは魚焼きグリルで焦げるまで焼いても。

焼きピーマンとじゃこのぽん酢びたし

●材料（作りやすい分量）
ピーマン…4個
ちりめんじゃこ…大さじ1
サラダ油…小さじ1
ぽん酢（P.154）…50mℓ
赤唐辛子（種を除いて3等分に切る）
…1本

●作り方
1 ピーマンは破裂しないように包丁で切り目を1か所入れ、魚焼きグリルで4〜5分、軽く焦げ目がつくまで焼く。
2 フライパンにサラダ油を熱し、じゃこを入れてカリッとするまで炒める。
3 ボウルに①、②、ぽん酢、赤唐辛子を入れ、混ぜ合わせる。

れんこんのごまぽん酢

●材料（作りやすい分量）
れんこん…小1節
白練りごま…大さじ1
ぽん酢（P.154）…大さじ2
一味唐辛子…少々

●作り方
1 れんこんは皮をむき、5㎜厚さの半月切りにする。塩少々（分量外）を加えた熱湯でさっと塩ゆでし、ザルに上げてそのまま冷ます。
2 ボウルに練りごまを入れ、ぽん酢を少しずつ加えながらなめらかに溶きのばし、①を入れて混ぜる。器に盛り、一味唐辛子をふる。

かぶとパクチーのサラダ

●材料（作りやすい分量）

かぶ…1個
パクチー…1株
サワークリーム…大さじ1
ナンプラー…小さじ1

●作り方

1 かぶは皮をむき、スライサーで薄切りにする。パクチーは葉をつみとり、茎はみじん切りにする。

2 ボウルにサワークリーム、ナンプラーを入れて混ぜ、①のパクチーの葉以外を加えて和える。器に盛り、パクチーの葉をのせる。

きゅうりのからし醤油漬け

●材料（作りやすい分量）

きゅうり…2本

A
- 粉からし（または練りからし）…小さじ1/2
- しょうゆ…小さじ2
- 酢…小さじ1/2

白いりごま…適量

●作り方

1 きゅうりは塩少々（分量外）をふって板ずりし、さっと塩を洗い流す。まな板の上で麺棒などで押し割って、3cm長さに切る。

2 ボウルにAを入れて混ぜ合わせ、①を入れて和える。器に盛り、ごまをふる。

枝豆の醤油漬け

●材料（作りやすい分量）
枝豆…1袋
A［しょうゆ・酢…各大さじ1
　 みりん…小さじ1
　 花椒（粒）…小さじ1
塩…大さじ1

●作り方
1 密閉できる保存袋にAを入れ、混ぜ合わせる。
2 枝豆は両端をキッチンバサミで切り落とし、塩（分量外）でよくもみ、塩大さじ1を加えた熱湯でゆでる。ゆで上がったら熱いうちに①に入れて、冷めるまでおく。

＊枝豆は冷凍ものを使う場合は、自然解凍してから。

かぼちゃのヨーグルトマリネ

●材料（作りやすい分量）

かぼちゃ（8㎜厚さのくし形に切る）…1/8個

オリーブ油…大さじ1

A

ヨーグルト…大さじ4

イタリアンパセリ（粗みじん切り）…3枝

くるみ（粗みじん切り）…10g

ケイパー…大さじ1

レモン汁…大さじ1と1/3

はちみつ…小さじ2

塩・こしょう…各少々

●作り方

1 フライパンにオリーブ油を熱してかぼちゃを入れ、火が通るまで焼く。

2 ボウルにAを入れて混ぜ合わせ、①を入れて和える。

サラダチキン

●材料（作りやすい分量）
鶏むね肉…1枚（250g）
塩…小さじ½
（鶏むね肉の重量に対して1％の塩で）
グラニュー糖（または砂糖）…小さじ½
紫キャベツ（粗めの千切り）…適量
ベビーリーフ・スプラウト…各適量

●作り方
1 鶏肉は塩、グラニュー糖をまぶして密閉できる保存袋に入れ、冷蔵庫にひと晩おく。
2 厚手の鍋にたっぷりの湯を沸かし、①を袋ごと入れて、75℃をキープしながら30分加熱し、取り出して粗熱を取る。
3 ②は冷めてから手で食べやすくさく。
4 紫キャベツは、軽く塩（分量外）をふって塩もみをして、水けをしぼる。
5 器に③、④、ベビーリーフ、スプラウトを一緒に盛り合わせる。

第4章

ふたをして煮るだけ小鍋

小鍋に具材を入れ
ふたをして加熱するだけの簡単調理。
蒸し煮・蒸し焼きにするので
ふたがしっかりしまる厚手の鍋がおすすめ。
素材のおいしさをシンプルに味わいましょう。

豚肉とキャベツ、トマトの重ね蒸し鍋

豚バラとあさりのうま味をしっかり吸い込んだキャベツの甘味がおいしい。

●材料（2人分）
豚バラ薄切り肉…200g
キャベツ…小1個
ミニトマト（へたを取る）…1パック
あさりのむき身…50g
ごま油…小さじ2

●煮汁
酒…½カップ

鍋に入れて

●作り方

1 キャベツは4等分のくし形に切り、葉の間に豚肉をはさんで、さらに半分のくし形に切る。

2 小鍋に①をしきつめ、トマト、あさりをのせ、酒をふりかける。

3 ふたをして火にかけ、具に火が通るまで15分ほど煮る。ふたを開け、仕上げにごま油を回しかける。

でき上がり！

白菜のひき肉はさみ鍋

鍋底の白菜はトロッと煮え
上のほうはシャキッと蒸され
いろいろな食感が楽しめます。

●材料（2人分）
白菜…1/6個
肉だね
豚ひき肉…200g
長ねぎ（みじん切り）…5cm
酒…小さじ2
塩…小さじ1/2
粗挽き黒こしょう…少々

●煮汁
だし汁…1/2カップ

鍋に入れて

●たれ（好みで）
ぽん酢卵黄だれ（P.154）
梅酢だれ（P.155）
ごまだれ（P.156）

●作り方

1 ボウルに肉だねの材料を入れ、よく練る。

2 小鍋に、白菜と肉だねを交互に積み重ねながら入れ、煮汁をかける。

3 ふたをして火にかけ、具に火が通るまで15分ほど煮る。好みのたれをつけていただく。

←

でき上がり！

牛肉とアスパラのトマト鍋

アスパラガスをクッションに
牛肉をのせているので
ふんわりと煮上がります。

●材料（2人分）
牛切り落とし肉…150g
ナンプラー…小さじ2
粗挽き黒こしょう…少々
グリーンアスパラガス…6本
オリーブ油…大さじ1
モッツァレラチーズ
（チェリータイプまたは1.5cm角に切る）…1袋

鍋に入れて

●煮汁
トマト水煮缶（カットタイプ）…200g
ナンプラー…小さじ2
オレガノ…少々

●作り方
1 牛肉は、ナンプラー、黒こしょうをまぶして下味をつける。アスパラガスは根元の固い部分を切り落とし、下のほうはピーラーでむく。煮汁の材料はよく混ぜておく。
2 小鍋にオリーブ油をひき、①のアスパラガス、牛肉の順に入れて煮汁をかけ、モッツァレラチーズを散らす。
3 ふたをして火にかけ、具に火が通るまで15分ほど煮る。

でき上がり！

カマンベール鍋

煮るだけ簡単チーズフォンデュ。
丸ごと蒸されたカマンベールチーズが
パンパンに膨らんだら食べ頃です。

●材料（2人分）
カマンベールチーズ…1個
かぶ…1個
赤パプリカ…1/2個
スナップえんどう…10本
ヤングコーン…8本

●煮汁
白ワイン…1カップ

鍋に入れて

●作り方

1　かぶは皮をむいて8等分のくし形に切り、パプリカは縦1㎝幅に切る。スナップえんどうはへたと筋を取る。

2　小鍋の鍋底に野菜の半量をしき、真ん中にカマンベールチーズをのせて、残りの野菜をチーズの周りに彩りよく入れ、白ワインを回しかける。

3　ふたをして火にかけ、沸騰したら弱火にして、チーズが溶けて野菜に火が通るまで15分ほど蒸す。ふたを開けてチーズの表面を切り取り、野菜をつけていただく。バゲット（薄切り）を添えても。

＊カマンベールチーズは野菜の上に置くことで、直接鍋底に触れずに焦げることなく均一にあたたまります。

野菜をチーズにつけていただく。

できあがり！

きのこたっぷり鍋

スープ感覚でサラッと食べられる具だくさんきのこの蒸し煮鍋。加える水分は少なめでOK。

●材料（2人分）

きのこ
- エリンギ…大1本
- 生しいたけ…2個
- ひらたけ…½パック
- まいたけ…½パック

にんにく（薄切り）…1かけ
花椒粉…少々

●煮汁
湯…½カップ
鶏ガラスープの素…小さじ1
塩…小さじ½
酒…50㎖

鍋に入れて

●作り方

1　エリンギは長さを半分に切って薄切り、しいたけは石づきを取って半分に切る。ひらたけ、まいたけは食べやすく切る。煮汁の材料は混ぜておく。

2　小鍋に①のきのこを入れて煮汁を回しかけ、にんにくを散らして花椒粉をふる。

3　ふたをして火にかけ、沸騰したら弱火にして15分ほど煮てじっくりと火を通す。

＊きのこ類は買ってきたらザルに並べ、室内で軽く干しておくとうま味がアップします。

鍋あとは「**焼き餅**」

餅2個はこんがり焼いて器に盛り、汁と具をかける。

でき上がり！

薬味いろいろ

小鍋料理を楽しむためには、薬味やたれ（P.154）を何種類か用意しておくと、味に変化がついてよりおいしく食べられます。

●長ねぎの小口切り
肉にも魚介にも合う万能薬味で、ぽん酢やごまだれに加えたり、しょうゆ味やみそ味の鍋にもおすすめ。

●万能ねぎの小口切り
長ねぎ同様さまざまな鍋の味つけやたれに合うが、長ねぎほど辛味が強くないので使いやすい。鮮やかな緑色が雑炊など〆の料理も引き立てる。

●おろししょうが
皮つきのまますりおろすと、香りが一層引き立つ。肉や魚介のくさみ消しや、汁だけしぼって使っても。細切りにして使うことも。

●柚子
少量加えるだけで柑橘の爽やかな風味が広がる。皮を千切りにして使ったり、しぼり汁をぽん酢などのたれに混ぜても。しょうゆ味の鍋によく合う。

●すだち・かぼす・レモン
しぼりやすいように何等分かに切り分け、水炊きや寄せ鍋などにしぼりかける。柑橘の爽やかな酸味と香りが、魚介のくさみ消しや脂っこい味わいをさっぱりと中和してくれる。

●大根おろし
辛味の強い下側の部分をすりおろし、ザルに上げて軽く汁けをきる。濃い味つけの鍋を食べやすくしてくれる。ぽん酢と混ぜて水炊きやしゃぶしゃぶのたれにしても。

●七味唐辛子・一味唐辛子
香り豊かな七味唐辛子、すっきりした辛味の一味唐辛子。どちらも鍋の味わいをぴりっと引き締めてくれる。

●柚子こしょう
すりおろした柚子の皮に青唐辛子や塩を加えてペースト状にした香辛料。香りと辛味が強いので、少量でもアクセントに。

●かんずり
雪にさらした唐辛子をすりつぶし、柚子、米麹、塩などを加えて熟成、発酵した香辛料。すっきりした辛味でどんな鍋にも合う。

第5章

アジアの小鍋

やさしい味わいのお粥鍋や豆乳スープ鍋
人気の豚白菜鍋などの中華鍋から
タイの人気鍋料理タイスキ
韓国の定番鍋からはカムジャタン
スンドゥブチゲ、タッカンマリを紹介します。

お粥《かゆ》鍋

中国のお粥をベースにしたしゃぶしゃぶ風の鍋。
〆はご飯にお粥をかけて。

●材料（2人分）
豚ロース薄切り肉…100g
チンゲン菜…1/2株
にんじん（縦に薄切り）…1/2本
パクチー（5cm長さに切る）…1株
●煮汁
水…500mℓ
米…50g
鶏ガラスープの素…小さじ2
●たれ
腐乳・豆板醤・黒酢・パクチーだれ（P.155）

＊具は、えびやホタテ貝などの魚介類でも。

●作り方
1 チンゲン菜は葉と茎に分け、茎は縦半分に切る。
2 小鍋に煮汁の材料を入れて火にかけ、沸騰したら吹きこぼれないように火を弱め、焦げつかないようにときどき混ぜながら1時間炊く。途中、水分が少なくなったら水を加える。
3 ②のお粥ができたら、沸騰しているところに具を加え、火が通ったら腐乳たれにつけていただく。

鍋あとは「お粥ご飯」

器に盛ったご飯にお粥をかけ、腐乳たれをかける。

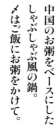

豚白菜鍋（ピェンロー）

シンプルな材料で簡単に作れる箸が止まらなくなるほど旨い中華風の豚バラ白菜鍋。

●材料（2人分）
豚バラ薄切り肉…150g
白菜…大2枚
春雨…35g
ごま油…小さじ2
●煮汁
水…1カップ
だし昆布…5㎝角
干ししいたけ…3枚
干ししいたけの戻し汁…½カップ
●たれ（お好みで）
基本は「ごま油と塩を各適量」。好みで卵黄、腐乳（P.157）などを加えても。

●作り方
1 白菜は葉と芯に分け、葉はざく切り、芯は削ぎ切りにする。春雨は袋の表示通りに戻す。干ししいたけは水につけて戻し、半分に切る（戻し汁はとっておく）。
2 小鍋に水、だし昆布を入れて、10分ほどつける。
3 ①の干ししいたけ、戻し汁を加えて火にかけ、沸騰したら具の材料を加え、火が通るまで煮る。仕上げにごま油を回しかけ、たれを添える。

＊好みで、白菜と豚肉はたっぷりめでどうぞ。

鹹豆漿《シェントウジャン》（中国の豆乳スープ鍋）

中国の定番の朝食メニュー。豆乳を酢の力で固めているのでフワッととろけます。

●材料（2人分）

牛薄切り肉…150g

A

- にんじん…½本
- もやし・つまみ菜…各½袋
- 干しえび…10g

トッピング

- ザーサイ（みじん切り）…大さじ1
- 万能ねぎ（小口切り）…3本

●煮汁

豆乳（成分無調整）…300mℓ

塩…小さじ½

酢…小さじ2

＊バゲットを揚げ焼きにして台湾・中国の揚げパン「油條（ヨウティアオ）」風に。

●作り方

1 にんじんはピーラーで薄切りにする。干しえびは粗みじん切りにして、軽く炒る。

2 小鍋に豆乳、塩を入れて火にかけ、沸騰したら牛肉、Aを加えて、火が通るまで煮る。

3 酢を加え、ひと煮立ちしたら火を止めて、トッピングをのせる。

鍋あとは「バゲット」

バゲット（15㎝）は大きめのひと口大に切り、フライパンにオリーブ油大さじ2を熱して揚げ焼きにして、鍋に入れる。

花椒のオイル鍋

中国・四川省の「水煮魚」をベースにアレンジしたしびれるような辛さの鍋。

●材料（2人分）
真鯛の切り身…2切れ
レタス（8㎝角くらいに切る）…3枚
豆もやし…½袋
●煮汁
米油（P.46）・水…各1カップ
にんにく（みじん切り）…2かけ
しょうが（みじん切り）…2かけ
長ねぎ（みじん切り）…20㎝
花椒（粒）…大さじ1
塩…小さじ2

●作り方
1 真鯛の切り身は、3等分に切る。
2 小鍋に煮汁の材料を入れて火にかけ、沸騰したら具を加えて、軽く火を通す。
3 火が通ったら、器によそっていただく。

＊具は、牛肉や豚肉でもOK。白菜を入れても。

タイスキ

酸味と甘味と辛味がきいたナンプラー風味のたれが旨いタイの定番鍋料理。

●材料（2人分）
えび団子（市販）…6個
黄ズッキーニ…1/2本
セロリ…1本
きくらげ…6個
空芯菜（5cm長さに切る）…1/2束

●煮汁
水…2カップ
鶏ガラスープの素…小さじ2
にんにく（芯を除いて薄切り）…1かけ

●タイスキのたれ
ナンプラー…大さじ1
レモン汁…小さじ2
グラニュー糖（または砂糖）…小さじ1
にんにく（すりおろす）…少々
赤唐辛子（種を除いてみじん切り）…1本
パクチー（みじん切り）…少々

●作り方
1 ズッキーニは縦半分に切ってから斜め薄切り、セロリは筋を取り斜め薄切り、きくらげは水で戻して半分に切る。
2 小鍋に煮汁の材料を入れて火にかけ、沸騰したら具の材料を加える。火が通ったものからたれにつけていただく。

＊具には、豚薄切り肉（しゃぶしゃぶ用）もおすすめ。ナンプラー、塩、ライムを混ぜたものをたれにしても。

鍋あとは「フォー」

フォー30gは袋の表示通りに戻し、鍋に加えて軽く煮込む。

カムジャタン（スペアリブとじゃがいもの鍋）

骨つき豚肉とじゃがいもを豪快に煮込んだ韓国の人気料理。コチュジャンスープがおいしい。

●材料（2人分）

豚スペアリブ（ゆでこぼす）…250g
長ねぎ（青い部分）…1本分
にんにく（薄切り）…1かけ
じゃがいも（皮をむいて半分に切る）…2個
にら（5cm長さに切る）…½束

●煮汁

豚スペアリブのゆで汁…300mℓ
酒…50mℓ
しょうゆ…大さじ1
コチュジャン（P.157）…大さじ1と½

＊韓国料理では豚の背骨を使いますが、ここでは豚スペアリブで代用。ゆでこぼすことでくさみが取れるので、このひと手間は欠かさずに。

●作り方

1 鍋にスペアリブ、かぶるくらいの水、長ねぎ、にんにくを入れて火にかけ、沸騰したら弱火にして40〜50分ゆでる。途中、水分が少なくなったら水を加える。

2 小鍋に煮汁の材料、①のスペアリブ、じゃがいもを入れて火にかけ、じゃがいもがやわらかくなるまで煮たらにらを加え、軽く火を通す。汁ごとよそっていただく。

鍋あとは「トッポギ」

トック（P.157）は袋の表示通りにあたためて、鍋に加えて煮る。

スンドゥブチゲ（韓国の豆腐鍋）

みそ風味のピリ辛スープと豆腐がおいしい韓国の家庭料理。豚肉とあさりが入るのが定番。

★鉄鍋やホーロー鍋、フライパンなど金属製の小鍋で作ります。

●材料（2人分）

絹ごし豆腐…1丁
長ねぎ（斜め薄切り）…1本
豚バラ薄切り肉（細切りにする）…100g
あさりのむき身…70g
サラダ油・ごま油…各小さじ2

●煮汁

水…300mℓ
酒…50mℓ
ダシダ（P.157）…小さじ2
コチュジャン…大さじ1
にんにく（すりおろし）…1かけ
一味唐辛子…小さじ½

●作り方

1 金属製の小鍋にサラダ油を熱して長ねぎを入れ、しんなりするまで炒める。

2 豚肉、あさりを加えて炒め、肉の色が変わったら煮汁の材料を加え、豆腐をスプーンですくい入れる。

3 豆腐があたたまったら、仕上げにごま油を回しかける。

＊豆腐は、寄せ豆腐で作るとさらに本格的な味に。

鍋あとは「おじや」

ご飯1膳分を鍋に加えて軽く煮込む。溶き卵1個分を流し入れ、混ぜておじやにする。

タッカンマリ（韓国の鶏水炊き）

骨つき鶏をじっくり煮込む
ちょっと手間ですが
その分味わいは格別。

●材料（2人分）
鶏骨つき肉（ぶつ切り）…200g
A
水…2カップ
酒…$\frac{1}{2}$カップ
長ねぎ（青い部分）…1本分
しょうが（薄切り）…1かけ
B
玉ねぎ（薄切り）…$\frac{1}{2}$個
えのきだけ（石づきを取り、ほぐす）…$\frac{1}{2}$袋
じゃがいも（半分に切る）…2個

●煮汁
鶏のゆで汁…2カップ

●タッカンマリのたれ
しょうゆ…大さじ1と$\frac{1}{2}$
酢・白いりごま…各小さじ2
長ねぎ（みじん切り）…10cm
にんにく・しょうが（すりおろし）…少々
一味唐辛子…適量

●作り方
1 鍋に鶏肉、Aを入れて火にかけ、沸騰したら弱火にして、アクを取りながら1時間ゆでる。肉がやわらかくなったら鶏肉とゆで汁に分け、ゆで汁はこす。
2 別の小鍋に①の鶏のゆで汁、鶏肉、Bを入れて火にかけ、じゃがいもがやわらかくなるまで煮る。
3 混ぜておいたたれにつけていただく。

鍋あとは「うどん」

ゆでうどん1玉を鍋に加え、軽く煮込む。

コプチャンチョンゴル（韓国のもつ鍋）

もつのうま味が溶け込んだ濃厚スープが味わい深い旨辛鍋。〆のうどんがまたおいしい。

●材料（2人分）

牛もつ（P.38・しま腸）…200g
キャベツ（3cm角に切る）…2枚
玉ねぎ（薄切り）…1/2個
干ししいたけ（戻して4等分の削ぎ切り）…2個
にら（3cm長さに切る）…1/3束

●煮汁

水…1カップ
酒…50mℓ
ダシダ（P.157）…小さじ2
みそ・コチュジャン…各大さじ1
にんにく（すりおろす）…2かけ
一味唐辛子…小さじ1

●作り方

1 鍋にたっぷりの水、牛もつを入れて火にかけ、沸騰したらザルに上げ、ゆでこぼす（湯は捨てる）。
2 小鍋に煮汁の材料を入れて火にかけ、沸騰したら①の牛もつを加え、再び沸騰したらにら以外の材料を加え、具に火を通す。
3 にらをのせて、汁ごとよそっていただく。

鍋あとは「うどん」

ゆでうどん1玉を鍋に入れ、煮込む。

モンゴル薬膳鍋

たっぷりの香辛料と香味野菜を加えて煮ることで、ラム肉を風味豊かにいただけます。

●材料（2人分）
ラムチョップ…2本
ラム薄切り肉（焼き肉用）…200g
チンゲン菜（1枚ずつはがす）…1株
白菜（ざく切り）…1枚
大根（7㎜厚さのいちょう切り）…2㎝
かぼちゃ（ひと口大に切る）…30g
ごま油…小さじ2

●煮汁
水…300㎖
酒…½カップ
鶏ガラスープの素…小さじ2
にんにく（すりおろす）…2かけ
しょうが（すりおろす）…2かけ
しょうゆ・クミンシード
…各小さじ2
豆板醤…小さじ1
五香粉・花椒粉（P.157）
…各小さじ½

●作り方
1 小鍋に煮汁の材料を入れて火にかけ、沸騰したらごま油以外のすべての材料を加え、具に火を通す。
2 仕上げにごま油を回しかけ、汁ごとよそっていただく。

*ラム肉はどちらか1種類でもOK。

鍋あとは「すいとん」

ボウルに小麦粉100gと水50㎖を入れて練り合わせて15分ほどおき、ひと口大に丸めてすいとんを作る。鍋に加えて火が通るまで煮込む。

鍋のたれ

水炊きや蒸し鍋、しゃぶしゃぶ、湯豆腐、酒鍋など、煮汁に味つけをしない鍋は「たれ」が味の決め手。ここで紹介するたれは、「ぽん酢」以外はすべて混ぜ合わせるだけで作れます（すべて作りやすい分量表記）。

ぽん酢

柑橘（柚子、かぼす、すだちなど）の果汁…50㎖
しょうゆ…50㎖
みりん…大さじ1
かつお節…3g
昆布…2㎝角
※材料を合わせて一晩おき、こす。

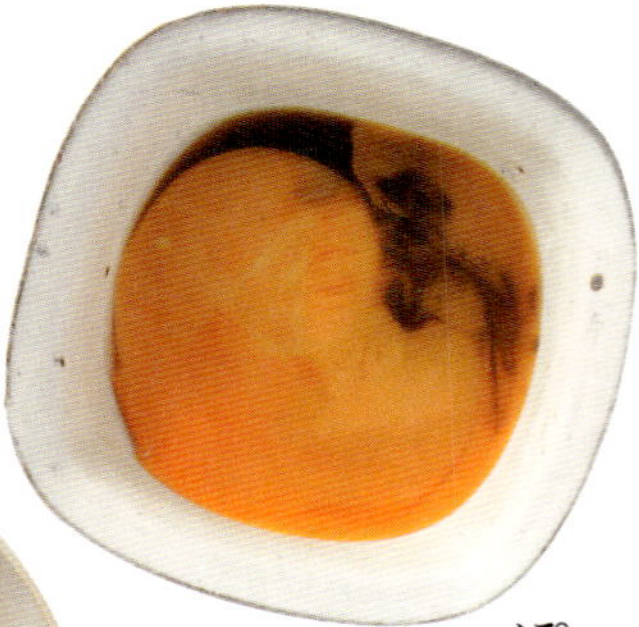

ぽん酢卵黄だれ

ぽん酢…適量
卵黄…1個

ねぎだれ

長ねぎ（みじん切り）…5㎝
糸かつお節…適量
しょうゆ…適量

にらだれ

にら（みじん切り）…1本
酢…大さじ1/2
しょうゆ…大さじ1
白すりごま…小さじ1
ごま油…大さじ1/2

腐乳・豆板醤・黒酢・パクチーだれ

腐乳（P.157）…小さじ1
豆板醤（P.157）…少々
黒酢…小さじ1
パクチー（みじん切り）…少々

梅酢だれ

梅干（種を除いて包丁でたたく）…大さじ1
大葉（みじん切り）…5枚分
だし汁…大さじ1
薄口しょうゆ…小さじ2
白切りごま…小さじ1
※切りごまは、いりごまを包丁で切って香りを立たせたもの。

ごま油・塩・卵黄だれ

卵黄…1個
ごま油…小さじ1
塩…適量

レモンの皮・オリーブ油・塩だれ

オリーブ油…大さじ1
レモンの皮（黄色い部分のみすりおろす）…$\frac{1}{2}$個分
塩…小さじ$\frac{1}{2}$

ごまだれ

白練りごま…大さじ2
だし汁…大さじ1
薄口しょうゆ…小さじ2
みりん…小さじ1
酢…小さじ1
白切りごま…小さじ2

ナンプラー・塩・ライムだれ

ナンプラー…小さじ2
ライム汁…小さじ2
ライムの皮（緑の部分のみすりおろす）…$\frac{1}{2}$個分
グラニュー糖（または砂糖）…小さじ$\frac{1}{4}$

小鍋用語集

【ナンプラー】

タイの魚醤。魚介を塩で漬け込み、発酵させた液体状の調味料。アミノ酸が多く含まれ、濃厚なうま味と独特の風味がある。ベトナムではニョクマムと呼ばれる。


【クミンシード】

すっきりした爽やかなカレーらしい香りで、ほのかに苦味と辛味もある粒状のスパイス。インド、東南アジア、メキシコ、アフリカなどエスニック料理には欠かせない。肉や魚、野菜など、どんな素材ともよく合う。


【豆板醤】

空豆を原料にしたみそに唐辛子を加えた中国の辛い調味料。煮汁に加えたり、ピリ辛味のたれ作りに。


【甜麺醤】

中華甘みそとも呼ばれる中国の調味料。小麦粉と塩を混ぜ、特殊な麹を加えて発酵させたもの。火を通すことで独特な香り出るので、料理の隠し味やたれなどに使われる。


【ダシダ】

ビーフブイヨンに似た韓国の粉末調味料。牛肉や玉ねぎ、にんにくなどのうま味とコクが溶け込んでいる。洋風スープの素、鶏ガラスープの素で代用可。


【腐乳】

豆腐に麹をつけ、塩水の中で発酵させた中国の発酵食品。独特の発酵臭と塩味があり、料理の調味料に使ったり、お粥の味つけ、たれなどに使われる。「ふにゅう」や「フウルウ」と呼ばれる。


【コチュジャン】

韓国の唐辛子みそ。もち米や小麦粉に麹や唐辛子などを加えて発酵させたもの。チゲやキムチ鍋の味つけ、ピリ辛味のたれ作りに。


【トック・トッポギ】

トックとは、米で作った朝鮮半島の餅のこと。棒状のトックをコチュジャンや砂糖で甘辛く炒めたものがトッポギで、韓国の屋台料理の定番。


【五香粉】

中国の代表的なミックススパイス。さまざまな調合があるが、桂皮（シナモン）、丁香（クローブ）、花椒（ホアジャオ）、小茴（フェンネル、ウイキョウ）、大茴（八角、スターアニス）、陳皮（チンピ）などの粉末を混ぜて作られる。


【花椒粉】

花椒（ホアジャオ）は中国・四川料理に欠かせないスパイスで、日本の山椒よりも芳香、辛味が強く、口の中がしびれるような辛味が特徴。麻婆豆腐に使われる。

小鍋いろいろ

本書のレシピでは、小鍋は基本的に土鍋が1つあれば作れますが、いくつかの種類を揃えておくと便利です。それぞれの特性を知って用途により使い分けましょう。

土鍋

土鍋は最も一般的で、最初に材料を油で炒める鍋以外ならどんな鍋料理にもOK。熱の伝わりがやわらかく保温性にすぐれているので、食卓で調理しながら食べるのにぴったり。いろいろなデザインや色のものを揃えると、小鍋生活が充実します。使用後は、冷ましてからよく洗い、鍋の底は念入りに水分を拭き、風通しのいいところでカビなどがはえないよう完全に乾かしましょう。

鉄鍋・スキレット

鉄製の鍋は、油がなじみやすく、あたたまると保温性もあり、鉄分を補えるというメリットも。鍋の最初に材料を油で炒めたり、焼いたりする場合には、1つの鍋でそのまま作れるのも魅力です。すき焼き用の鉄鍋(手前)が一般的ですが、スキレット(右)はオイル鍋やアヒージョなどにも重宝します。ただ、焦げつきやすくさびやすいので取扱いには注意が必要。使用後は、よく洗って水分を拭き、薄く食用油を塗っておきましょう。

土鍋

鉄鍋・スキレット

ホーロー鍋（軽いタイプ）

ホーロー鍋は、鉄やアルミなどの金属の表面にガラス質の釉薬を高温で焼きつけたもの。中は金属ですが外側はガラス質なので酸やアルカリに強く、比較的軽くて扱いやすく、油汚れなども落としやすいです。カラフルなので食卓に彩りを添えてくれます。

鋳物ホーロー鍋（重いタイプ）

ホーロー鍋でも、中の金属が鉄鋳物となる鍋はかなり重量があり、ストウブ（左）、バーミキュラ（右）、ル・クルーゼなどのブランドが有名です。ふたの重みのため密閉性が高く、少しの水分でも調理できるので蒸し煮をする鍋などに利点が。厚手のため、熱の伝わりがじんわりおだやかで保温性にもすぐれます。直火はもちろん、電磁調理器も使用OK。使用後は、よく洗って水分を拭き、よく乾燥させてふたと本体のふちの部分に薄く食用油を塗っておきましょう。

アルミ鍋・ステンレス鍋・銅鍋

アルミ鍋（手前）は調理用の鍋によく使われる素材の鍋で、扱いやすく手入れも楽なのでいろいろな鍋に利用OK。銅鍋（右）は熱伝導率がよく、均等にやさしく熱が伝わるのでプロ用の鍋としても有名。ただし扱いが大変で、使用後は丁寧に洗ってしっかりと乾燥させ、銅磨きで手入れします。ステンレス鍋（左）は傷がつきにくく、焦げもすぐ落ちるので扱いは簡単。直火から電磁調理器まで使えます。

ホーロー鍋（軽いタイプ）

アルミ鍋・ステンレス鍋・銅鍋

鋳物ホーロー鍋（重いタイプ）

著者

高橋 雅子（たかはし・まさこ）

神奈川県生まれ。ル・コルドン・ブルーで製パンを学び、日本ソムリエ協会ワインアドバイザーの資格を取得。1999年よりパンとワインの教室「わいんのある12ヶ月」を主宰。パンとワインのみならず、料理とのマリアージュも好評で、一躍人気の教室となる。2009年にベーグルショップ「テコナベーグルワークス」を開店。主な著書に『おうちでバル［BAR］欧風的立ち飲み屋さんのタパス99』、『おいしい新調味料 塩レモン・塩ゆずレシピ』（以上、池田書店）、『「自家製酵母」のパン教室』、『少しのイーストでゆっくり発酵パン』、『「バーミキュラ」でパンを焼く』（以上、PARCO出版）、『ワインがすすむ パンのおつまみ』（ぴあ）など多数。

●STAFF

装丁・本文デザイン	柳田 尚美（N/Y graphics）
撮影	鵜澤 昭彦（スタジオ・パワー）
スタイリング	宮嵜 夕霞
イラスト	矢沢 由実
スタイリングアシスタント	上杉 沙織
調理アシスタント	北澤 幸子／井之上 浩子 正伯 和美／松島 ゆうこ
協力	佐々木 素子
校正	くすのき舎／池田 一郎／池田 美穂
編集・構成	吉原 信成（編集工房桃庵）

撮影協力　UTUWA 03-6447-0070

〆まで楽しむ
おつまみ小鍋

著　者／高橋雅子
発行者／池田士文
印刷所／日経印刷株式会社
製本所／日経印刷株式会社
発行所／株式会社池田書店
〒162-0851　東京都新宿区弁天町43番地
電話03-3267-6821(代)／振替00120-9-60072

落丁、乱丁はお取り替えいたします。

ISBN978-4-262-13033-0

18038011